TRANZLATY

Language is for everyone

Езикът е за всички

Beauty and the Beast

Красавицата и звярът

Gabrielle-Suzanne Barbot de Villeneuve

English / Български

Copyright © 2025 Tranzlaty
All rights reserved
Published by Tranzlaty
ISBN: 978-1-83566-966-2
Original text by Gabrielle-Suzanne Barbot de Villeneuve
La Belle et la Bête
First published in French in 1740
Taken from The Blue Fairy Book (Andrew Lang)
Illustration by Walter Crane
www.tranzlaty.com

There was once a rich merchant
Имало едно време един богат търговец
this rich merchant had six children
този богат търговец имал шест деца
he had three sons and three daughters
той имаше трима сина и три дъщери
he spared no cost for their education
той не пести средства за тяхното образование
because he was a man of sense
защото той беше разумен човек
but he gave his children many servants
но той даде на децата си много слуги
his daughters were extremely pretty
дъщерите му бяха изключително красиви
and his youngest daughter was especially pretty
а най-малката му дъщеря беше особено красива
as a child her Beauty was already admired
като дете красотата й вече се възхищаваше
and the people called her by her Beauty
и хората я наричаха по красотата й
her Beauty did not fade as she got older
красотата й не увяхна, докато остаряваше
so the people kept calling her by her Beauty
така че хората продължиха да я наричат с нейната красота
this made her sisters very jealous
това накара сестрите й да ревнуват много
the two eldest daughters had a great deal of pride
двете най-големи дъщери имаха голяма доза гордост
their wealth was the source of their pride
тяхното богатство беше източник на тяхната гордост
and they didn't hide their pride either
и не скриха гордостта си
they did not visit other merchants' daughters
те не посещаваха дъщерите на други търговци
because they only meet with aristocracy
защото се срещат само с аристокрацията

they went out every day to parties
излизаха всеки ден на купони
balls, plays, concerts, and so forth
балове, пиеси, концерти и т.н
and they laughed at their youngest sister
и се смееха на най-малката си сестра
because she spent most of her time reading
защото прекарваше по-голямата част от времето си в четене
it was well known that they were wealthy
добре се знаеше, че са богати
so several eminent merchants asked for their hand
затова няколко видни търговци поискали ръката им
but they said they were not going to marry
но казаха, че няма да се женят
but they were prepared to make some exceptions
но те бяха готови да направят някои изключения
"perhaps I could marry a Duke"
„Може би бих могъл да се омъжа за херцог"
"I guess I could marry an Earl"
„Предполагам, че мога да се омъжа за Ърл"
Beauty very civilly thanked those that proposed to her
красавицата много цивилизовано благодари на тези, които са й предложили брак
she told them she was still too young to marry
тя им каза, че все още е твърде млада, за да се омъжи
she wanted to stay a few more years with her father
тя искаше да остане още няколко години с баща си
All at once the merchant lost his fortune
Изведнъж търговецът загубил състоянието си
he lost everything apart from a small country house
той загуби всичко освен малка селска къща
and he told his children with tears in his eyes:
и каза на децата си със сълзи на очи:
"we must go to the countryside"
"трябва да отидем на село"

"and we must work for our living"
"и ние трябва да работим за прехраната си"
the two eldest daughters didn't want to leave the town
двете най-големи дъщери не искаха да напуснат града
they had several lovers in the city
имаха няколко любовници в града
and they were sure one of their lovers would marry them
и бяха сигурни, че някой от техните любовници ще се ожени за тях
they thought their lovers would marry them even with no fortune
те смятаха, че любовниците им ще се оженят за тях дори и без богатство
but the good ladies were mistaken
но добрите дами са се заблудили
their lovers abandoned them very quickly
любовниците им ги изоставиха много бързо
because they had no fortunes any more
защото вече нямаха богатства
this showed they were not actually well liked
това показа, че всъщност не са били харесвани
everybody said they do not deserve to be pitied
всички казаха, че не заслужават да бъдат съжалявани
"we are glad to see their pride humbled"
„радваме се да видим тяхната гордост унизена"
"let them be proud of milking cows"
"нека се гордеят с доенето на крави"
but they were concerned for Beauty
но те бяха загрижени за красотата
she was such a sweet creature
тя беше толкова мило създание
she spoke so kindly to poor people
тя говореше толкова мило на бедните хора
and she was of such an innocent nature
и тя имаше толкова невинна природа
Several gentlemen would have married her

Няколко господа биха се оженили за нея
they would have married her even though she was poor
щяха да се оженят за нея, въпреки че беше бедна
but she told them she couldn't marry them
но тя им каза, че не може да се омъжи за тях
because she would not leave her father
защото нямаше да напусне баща си
she was determined to go with him to the countryside
тя беше решена да отиде с него в провинцията
so that she could comfort and help him
за да може тя да го утеши и да му помогне
Poor Beauty was very grieved at first
Бедната красавица отначало беше много наскърбена
she was grieved by the loss of her fortune
тя беше наскърбена от загубата на своето богатство
"but crying won't change my fortunes"
"но плачът няма да промени съдбата ми"
"I must try to make myself happy without wealth"
„Трябва да се опитам да направя себе си щастлив без богатство"
they came to their country house
дойдоха в селската си къща
and the merchant and his three sons applied themselves to husbandry
и търговецът и тримата му сина се заели със земеделието
Beauty rose at four in the morning
красота стана в четири сутринта
and she hurried to clean the house
и тя побърза да почисти къщата
and she made sure dinner was ready
и тя се увери, че вечерята е готова
in the beginning she found her new life very difficult
в началото намираше новия си живот за много труден
because she had not been used to such work
защото не беше свикнала с такава работа
but in less than two months she grew stronger

но за по-малко от два месеца тя стана по-силна
and she was healthier than ever before
и тя беше по-здрава от всякога
after she had done her work she read
след като свърши работата си, тя прочете
she played on the harpsichord
тя свиреше на клавесин
or she sung whilst she spun silk
или тя пееше, докато предеше коприна
on the contrary, her two sisters did not know how to spend their time
напротив, двете й сестри не знаеха как да прекарват времето си
they got up at ten and did nothing but laze about all day
ставаха в десет и не правеха нищо, освен да мързелуват цял ден
they lamented the loss of their fine clothes
те оплакваха загубата на хубавите си дрехи
and they complained about losing their acquaintances
и се оплакаха, че са загубили своите познати
"Have a look at our youngest sister," they said to each other
„Вижте най-малката ни сестра", казаха си те
"what a poor and stupid creature she is"
"какво бедно и глупаво същество е тя"
"it is mean to be content with so little"
"подло е да се задоволяваш с толкова малко"
the kind merchant was of quite a different opinion
любезният търговец беше на съвсем друго мнение
he knew very well that Beauty outshone her sisters
знаеше много добре, че красотата засенчва сестрите й
she outshone them in character as well as mind
тя ги надминаваше както по характер, така и по ум
he admired her humility and her hard work
той се възхищаваше на нейното смирение и упорит труд
but most of all he admired her patience
но най-вече се възхищаваше на нейното търпение

her sisters left her all the work to do
сестрите й оставиха цялата работа
and they insulted her every moment
и те я обиждаха всеки момент
The family had lived like this for about a year
Семейството живяло така около година
then the merchant got a letter from an accountant
тогава търговецът получи писмо от счетоводител
he had an investment in a ship
той имаше инвестиция в кораб
and the ship had safely arrived
и корабът пристигна благополучно
this news turned the heads of the two eldest daughters
Новината му завъртя главите на двете големи дъщери
they immediately had hopes of returning to town
те веднага се надяваха да се върнат в града
because they were quite weary of country life
защото бяха доста уморени от селския живот
they went to their father as he was leaving
те отидоха при баща си, когато той си тръгваше
they begged him to buy them new clothes
те го молели да им купи нови дрехи
dresses, ribbons, and all sorts of little things
рокли, панделки и всякакви дреболии
but Beauty asked for nothing
но красотата не поиска нищо
because she thought the money wasn't going to be enough
защото смяташе, че парите няма да стигнат
there wouldn't be enough to buy everything her sisters wanted
нямаше да има достатъчно, за да купи всичко, което искаха сестрите й
"What would you like, Beauty?" asked her father
— Какво искаш, красавице? попита баща й
"thank you, father, for the goodness to think of me," she said
„Благодаря ти, татко, за добрината да мислиш за мен",

каза тя
"father, be so kind as to bring me a rose"
"татко, бъди така добър да ми донесеш роза"
"because no roses grow here in the garden"
"защото тук в градината не растат рози"
"and roses are a kind of rarity"
"а розите са някаква рядкост"
Beauty didn't really care for roses
красотата наистина не се интересуваше от розите
she only asked for something not to condemn her sisters
тя само поиска нещо, за да не осъди сестрите си
but her sisters thought she asked for roses for other reasons
но сестрите й мислеха, че е поискала рози по други причини
"she did it just to look particular"
"тя го направи само за да изглежда специално"
The kind man went on his journey
Добрият човек тръгна на път
but when he arrived they argued about the merchandise
но когато той пристигна, те се скараха за стоката
and after a lot of trouble he came back as poor as before
и след много неприятности се върна беден както преди
he was within a couple of hours of his own house
той беше на няколко часа от собствената си къща
and he already imagined the joy of seeing his children
и вече си представяше радостта да види децата си
but when going through forest he got lost
но когато минаваше през гората се изгуби
it rained and snowed terribly
валеше страшен дъжд и сняг
the wind was so strong it threw him off his horse
вятърът беше толкова силен, че го изхвърли от коня
and night was coming quickly
и нощта настъпваше бързо
he began to think that he might starve
той започна да мисли, че може да умре от глад

and he thought that he might freeze to death
и си помисли, че може да замръзне до смърт
and he thought wolves may eat him
и си помисли, че вълците могат да го изядат
the wolves that he heard howling all round him
вълците, които чу да вият навсякъде около себе си
but all of a sudden he saw a light
но изведнъж видя светлина
he saw the light at a distance through the trees
той видя светлината отдалеч през дърветата
when he got closer he saw the light was a palace
когато се приближи, видя, че светлината е дворец
the palace was illuminated from top to bottom
дворецът беше осветен от горе до долу
the merchant thanked God for his luck
търговецът благодари на Бога за късмета си
and he hurried to the palace
и той забърза към двореца
but he was surprised to see no people in the palace
но беше изненадан да не види хора в двореца
the court yard was completely empty
дворът беше напълно празен
and there was no sign of life anywhere
и никъде нямаше признаци на живот
his horse followed him into the palace
конят му го последва в двореца
and then his horse found large stable
и тогава конят му намери голяма конюшня
the poor animal was almost famished
горкото животно беше почти гладно
so his horse went in to find hay and oats
така че конят му влезе да намери сено и овес
fortunately he found plenty to eat
за щастие той намери много за ядене
and the merchant tied his horse up to the manger
и търговецът върза коня си за яслите

walking towards the house he saw no one
вървейки към къщата, не видя никого
but in a large hall he found a good fire
но в голяма зала намери добър огън
and he found a table set for one
и той намери маса, сложена за един
he was wet from the rain and snow
беше мокър от дъжда и снега
so he went near the fire to dry himself
затова се приближи до огъня, за да се изсуши
"I hope the master of the house will excuse me"
„Надявам се господарят на къщата да ме извини"
"I suppose it won't take long for someone to appear"
„Предполагам, че няма да отнеме много време, преди някой да се появи"
He waited a considerable time
Той чакаше доста време
he waited until it struck eleven, and still nobody came
той изчака, докато удари единайсет, но никой не дойде
at last he was so hungry that he could wait no longer
накрая беше толкова гладен, че не можеше да чака повече
he took some chicken and ate it in two mouthfuls
той взе малко пиле и го изяде на две хапки
he was trembling while eating the food
той трепереше, докато ядеше храната
after this he drank a few glasses of wine
след това той изпи няколко чаши вино
growing more courageous he went out of the hall
по-смел той излезе от залата
and he crossed through several grand halls
и той премина през няколко големи зали
he walked through the palace until he came into a chamber
той мина през двореца, докато стигна до една стая
a chamber which had an exceeding good bed in it
стая, която имаше изключително добро легло в нея
he was very much fatigued from his ordeal

той беше много уморен от изпитанието си
and the time was already past midnight
а часът вече минаваше полунощ
so he decided it was best to shut the door
затова реши, че е най-добре да затвори вратата
and he concluded he should go to bed
и той реши, че трябва да си легне
It was ten in the morning when the merchant woke up
Беше десет сутринта, когато търговецът се събуди
just as he was going to rise he saw something
точно когато щеше да стане, видя нещо
he was astonished to see a clean set of clothes
той беше удивен да види чист комплект дрехи
in the place where he had left his dirty clothes
на мястото, където е оставил мръсните си дрехи
"certainly this palace belongs to some kind fairy"
"със сигурност този дворец принадлежи на някаква фея"
"a fairy who has seen and pitied me"
" фея , която ме видя и ме съжали"
he looked through a window
той погледна през един прозорец
but instead of snow he saw the most delightful garden
но вместо сняг видя най-прекрасната градина
and in the garden were the most beautiful roses
а в градината бяха най-красивите рози
he then returned to the great hall
след това се върна в голямата зала
the hall where he had had soup the night before
залата, където беше ял супа предишната вечер
and he found some chocolate on a little table
и той намери малко шоколад на малка маса
"Thank you, good Madam Fairy," he said aloud
„Благодаря ви, добра мадам фея", каза той на глас
"thank you for being so caring"
"благодаря ви, че сте толкова грижовен"
"I am extremely obliged to you for all your favours"

„Изключително съм ви задължен за всичките ви услуги"
the kind man drank his chocolate
милият мъж си изпи шоколада
and then he went to look for his horse
и след това отиде да търси коня си
but in the garden he remembered Beauty's request
но в градината си спомни молбата на красавицата
and he cut off a branch of roses
и той отряза розов клон
immediately he heard a great noise
веднага чу силен шум
and he saw a terribly frightful Beast
и той видя ужасно страшен звяр
he was so scared that he was ready to faint
беше толкова уплашен, че беше готов да припадне
"You are very ungrateful," said the Beast to him
— Много си неблагодарен — каза му звярът
and the Beast spoke in a terrible voice
и звярът проговори със страшен глас
"I have saved your life by allowing you into my castle"
„Спасих живота ти, като те пуснах в моя замък"
"and for this you steal my roses in return?"
"и за това крадете моите рози в замяна?"
"The roses which I value beyond anything"
"Розите, които ценя повече от всичко"
"but you shall die for what you've done"
"но ти ще умреш за това, което направи"
"I give you but a quarter of an hour to prepare yourself"
"Давам ви само четвърт час да се подготвите"
"get yourself ready for death and say your prayers"
"пригответе се за смъртта и кажете молитвите си"
the merchant fell on his knees
търговецът падна на колене
and he lifted up both his hands
и той вдигна двете си ръце
"My lord, I beseech you to forgive me"

"Господарю, умолявам те да ми простиш"
"I had no intention of offending you"
"Нямах намерение да те обидя"
"I gathered a rose for one of my daughters"
„Събрах роза за една от дъщерите си"
"she asked me to bring her a rose"
"тя ме помоли да й донеса роза"
"I am not your lord, but I am a Beast," replied the monster
„Аз не съм твой господар, но съм звяр", отговорило чудовището
"I don't love compliments"
"Не обичам комплиментите"
"I like people who speak as they think"
"Харесвам хора, които говорят, както мислят"
"do not imagine I can be moved by flattery"
"не си представяйте, че мога да бъда трогнат от ласкателство"
"But you say you have got daughters"
"Но вие казвате, че имате дъщери"
"I will forgive you on one condition"
"Ще ти простя при едно условие"
"one of your daughters must come to my palace willingly"
"една от вашите дъщери трябва да дойде в моя дворец с желание"
"and she must suffer for you"
"и тя трябва да страда за теб"
"Let me have your word"
„Позволи ми на думата ти"
"and then you can go about your business"
"и тогава можете да се занимавате с бизнеса си"
"Promise me this:"
"Обещай ми това:"
"if your daughter refuses to die for you, you must return within three months"
"ако дъщеря ви откаже да умре за вас, трябва да се върнете до три месеца"

the merchant had no intentions to sacrifice his daughters
търговецът нямал намерение да пожертва дъщерите си
but, since he was given time, he wanted to see his daughters once more
но тъй като му беше дадено време, той искаше да види дъщерите си още веднъж
so he promised he would return
така че той обеща, че ще се върне
and the Beast told him he might set out when he pleased
и звярът му каза, че може да тръгне, когато пожелае
and the Beast told him one more thing
и звярът му каза още нещо
"you shall not depart empty handed"
"няма да си тръгнеш с празни ръце"
"go back to the room where you lay"
"върни се в стаята, където лежа"
"you will see a great empty treasure chest"
"ще видите голям празен сандък със съкровища"
"fill the treasure chest with whatever you like best"
"напълни сандъка със съкровището с каквото най-много ти харесва"
"and I will send the treasure chest to your home"
"и ще изпратя сандъка със съкровището до дома ти"
and at the same time the Beast withdrew
и в същото време звярът се оттегли
"Well," said the good man to himself
— Е — каза си добрият човек
"if I must die, I shall at least leave something to my children"
"Ако трябва да умра, поне ще оставя нещо на децата си"
so he returned to the bedchamber
затова се върна в спалнята
and he found a great many pieces of gold
и намери много златни парчета
he filled the treasure chest the Beast had mentioned
той напълни сандъка със съкровището, за който звярът

спомена
and he took his horse out of the stable
и той изведе коня си от конюшнята
the joy he felt when entering the palace was now equal to the grief he felt leaving it
радостта, която изпита, когато влезе в двореца, сега беше равна на скръбта, която изпита, напускайки го
the horse took one of the roads of the forest
конят пое по един от горските пътища
and in a few hours the good man was home
и след няколко часа добрият човек си беше у дома
his children came to him
децата му дойдоха при него
but instead of receiving their embraces with pleasure, he looked at them
но вместо да приеме прегръдките им с удоволствие, той ги погледна
he held up the branch he had in his hands
той вдигна клона, който държеше в ръцете си
and then he burst into tears
и след това избухна в сълзи
"Beauty," he said, "please take these roses"
"красавице", каза той, "моля те, вземи тези рози"
"you can't know how costly these roses have been"
"не можеш да знаеш колко скъпи са били тези рози"
"these roses have cost your father his life"
"тези рози са костнали живота на баща ти"
and then he told of his fatal adventure
и тогава разказа за фаталното си приключение
immediately the two eldest sisters cried out
веднага двете най-големи сестри извикаха
and they said many mean things to their beautiful sister
и казаха много злобни неща на красивата си сестра
but Beauty did not cry at all
но красотата изобщо не плачеше
"Look at the pride of that little wretch," said they

„Вижте гордостта на този малък нещастник", казаха те
"she did not ask for fine clothes"
"тя не поиска хубави дрехи"
"she should have done what we did"
"тя трябваше да направи това, което ние направихме"
"she wanted to distinguish herself"
"тя искаше да се отличи"
"so now she will be the death of our father"
"така че сега тя ще бъде смъртта на баща ни"
"and yet she does not shed a tear"
"и въпреки това тя не проронва сълза"
"Why should I cry?" answered Beauty
— Защо да плача? - отговори красавицата
"crying would be very needless"
"плачът би бил много излишен"
"my father will not suffer for me"
"баща ми няма да страда за мен"
"the monster will accept of one of his daughters"
"чудовището ще приеме една от дъщерите си"
"I will offer myself up to all his fury"
„Ще се предложа на цялата му ярост"
"I am very happy, because my death will save my father's life"
"Много съм щастлив, защото моята смърт ще спаси живота на баща ми"
"my death will be a proof of my love"
"моята смърт ще бъде доказателство за моята любов"
"No, sister," said her three brothers
— Не, сестро — казаха тримата й братя
"that shall not be"
"това няма да бъде"
"we will go find the monster"
"ще отидем да намерим чудовището"
"and either we will kill him..."
"и или ще го убием..."
"... or we will perish in the attempt"

"... или ще загинем при опита"
"Do not imagine any such thing, my sons," said the merchant
„Не си представяйте такова нещо, синове мои", каза търговецът
"the Beast's power is so great that I have no hope you could overcome him"
"силата на звяра е толкова голяма, че нямам надежда, че можеш да го победиш"
"I am charmed with Beauty's kind and generous offer"
„Очарована съм от милото и щедро предложение на красотата"
"but I cannot accept to her generosity"
"но не мога да приема нейната щедрост"
"I am old, and I don't have long to live"
„Стар съм и не ми остава дълго живот"
"so I can only loose a few years"
"така че мога да загубя само няколко години"
"time which I regret for you, my dear children"
"време, за което съжалявам за вас, мили мои деца"
"But father," said Beauty
— Но татко — каза красавицата
"you shall not go to the palace without me"
"няма да отидеш в двореца без мен"
"you cannot stop me from following you"
"не можеш да ме спреш да те последвам"
nothing could convince Beauty otherwise
нищо не можеше да убеди красотата в противното
she insisted on going to the fine palace
тя настоя да отиде в прекрасния дворец
and her sisters were delighted at her insistence
и сестрите й бяха възхитени от нейното настояване
The merchant was worried at the thought of losing his daughter
Търговецът се разтревожил от мисълта, че ще загуби дъщеря си
he was so worried that he had forgotten about the chest full

of gold
той беше толкова притеснен, че беше забравил за сандъка, пълен със злато
at night he retired to rest, and he shut his chamber door
през нощта той се оттегли да си почине и затвори вратата на стаята си
then, to his great astonishment, he found the treasure by his bedside
тогава, за свое голямо учудване, той намери съкровището до леглото си
he was determined not to tell his children
той беше решен да не казва на децата си
if they knew, they would have wanted to return to town
ако знаеха, щяха да искат да се върнат в града
and he was resolved not to leave the countryside
и той беше решен да не напуска провинцията
but he trusted Beauty with the secret
но той довери на красотата тайната
she informed him that two gentlemen had came
тя му съобщи, че са дошли двама господа
and they made proposals to her sisters
и направиха предложения на сестрите й
she begged her father to consent to their marriage
тя умоляваше баща си да се съгласи на брака им
and she asked him to give them some of his fortune
и тя го помолила да им даде част от състоянието си
she had already forgiven them
тя вече им беше простила
the wicked creatures rubbed their eyes with onions
злите създания търкаха очите си с лук
to force some tears when they parted with their sister
за да проплакат малко сълзи, когато се разделят със сестра си
but her brothers really were concerned
но братята й наистина бяха загрижени
Beauty was the only one who did not shed any tears

красавицата беше единствената, която не проля сълзи
she did not want to increase their uneasiness
тя не искаше да увеличава тяхното безпокойство
the horse took the direct road to the palace
конят поел по прекия път към двореца
and towards evening they saw the illuminated palace
и към вечерта видяха осветения дворец
the horse took himself into the stable again
конят отново влезе в конюшнята
and the good man and his daughter went into the great hall
и добрият човек и дъщеря му отидоха в голямата зала
here they found a table splendidly served up
тук откриха великолепно сервирана маса
the merchant had no appetite to eat
търговецът нямаше апетит да яде
but Beauty endeavoured to appear cheerful
но красотата се стараеше да изглежда весела
she sat down at the table and helped her father
тя седна на масата и помогна на баща си
but she also thought to herself:
но тя също си помисли:
"Beast surely wants to fatten me before he eats me"
"звярът със сигурност иска да ме угои, преди да ме изяде"
"that is why he provides such plentiful entertainment"
"ето защо той предлага толкова изобилни забавления"
after they had eaten they heard a great noise
след като ядоха, чуха голям шум
and the merchant bid his unfortunate child farewell, with tears in his eyes
и търговецът се сбогува с нещастното си дете със сълзи на очи
because he knew the Beast was coming
защото знаеше, че звярът идва
Beauty was terrified at his horrid form
красавицата беше ужасена от ужасната му форма
but she took courage as well as she could

но тя събра колкото можеше смелост
and the monster asked her if she came willingly
и чудовището я попита дали е дошла с желание
"yes, I have come willingly," she said trembling
— Да, дойдох с желание — каза тя разтреперана
the Beast responded, "You are very good"
звярът отговорил: „Много си добър"
"and I am greatly obliged to you; honest man"
"и аз съм ви много задължен; честен човек"
"go your ways tomorrow morning"
"тръгнете по пътя си утре сутрин"
"but never think of coming here again"
"но никога повече не си и помисляй да идваш тук"
"Farewell Beauty, farewell Beast," he answered
„Сбогом красавице, сбогом звяр", отговори той
and immediately the monster withdrew
и веднага чудовището се оттегли
"Oh, daughter," said the merchant
— О, дъще — каза търговецът
and he embraced his daughter once more
и той прегърна още веднъж дъщеря си
"I am almost frightened to death"
„Почти съм изплашен до смърт"
"believe me, you had better go back"
"повярвай ми, по-добре да се върнеш"
"let me stay here, instead of you"
"нека остана тук, вместо теб"
"No, father," said Beauty, in a resolute tone
— Не, татко — каза красавицата с решителен тон
"you shall set out tomorrow morning"
"ще тръгнете утре сутрин"
"leave me to the care and protection of providence"
"оставете ме на грижите и защитата на провидението"
nonetheless they went to bed
въпреки това си легнаха
they thought they would not close their eyes all night

мислеха, че няма да затворят очи цяла нощ
but just as they lay down they slept
но както си легнаха, така и заспаха
Beauty dreamed a fine lady came and said to her:
красавицата сънува, че една хубава дама идва и й казва:
"I am content, Beauty, with your good will"
„Доволен съм, красавице, от твоята добра воля"
"this good action of yours shall not go unrewarded"
"това твое добро действие няма да остане невъзнаградено"
Beauty waked and told her father her dream
красавицата се събудила и разказала на баща си съня си
the dream helped to comfort him a little
сънят му помогна да го утеши малко
but he could not help crying bitterly as he was leaving
но той не можеше да не плаче горчиво, докато си тръгваше
as soon as he was gone, Beauty sat down in the great hall and cried too
щом той си отиде, красавицата седна в голямата зала и също заплака
but she resolved not to be uneasy
но тя реши да не се безпокои
she decided to be strong for the little time she had left to live
тя реши да бъде силна за малкото време, което й оставаше живот
because she firmly believed the Beast would eat her
защото тя твърдо вярваше, че звярът ще я изяде
however, she thought she might as well explore the palace
въпреки това тя си помисли, че може и да разгледа двореца
and she wanted to view the fine castle
и тя искаше да разгледа прекрасния замък
a castle which she could not help admiring
замък, на който тя не можеше да не се възхити
it was a delightfully pleasant palace
това беше възхитително приятен дворец

and she was extremely surprised at seeing a door
и тя беше изключително изненадана, когато видя врата
and over the door was written that it was her room
а над вратата пишеше, че това е нейната стая
she opened the door hastily
тя бързо отвори вратата
and she was quite dazzled with the magnificence of the room
и тя беше доста заслепена от великолепието на стаята
what chiefly took up her attention was a large library
това, което най-вече привлече вниманието й, беше голяма библиотека
a harpsichord and several music books
клавесин и няколко музикални книги
"Well," said she to herself
— Е — каза тя на себе си
"I see the Beast will not let my time hang heavy"
„Виждам, че звярът няма да остави времето ми да тежи"
then she reflected to herself about her situation
след това тя се замисли за положението си
"If I was meant to stay a day all this would not be here"
„Ако ми беше писано да остана един ден, всичко това нямаше да е тук"
this consideration inspired her with fresh courage
това съображение я вдъхна с нова смелост
and she took a book from her new library
и тя взе книга от новата си библиотека
and she read these words in golden letters:
и тя прочете тези думи със златни букви:
"Welcome Beauty, banish fear"
"Добре дошла красавице, прогони страха"
"You are queen and mistress here"
„Ти си кралица и господарка тук"
"Speak your wishes, speak your will"
"Кажи желанията си, кажи волята си"
"Swift obedience meets your wishes here"

„Бързото подчинение отговаря на вашите желания тук"
"Alas," said she, with a sigh
— Уви — каза тя с въздишка
"Most of all I wish to see my poor father"
"Повече от всичко искам да видя бедния си баща"
"and I would like to know what he is doing"
"и бих искал да знам какво прави"
As soon as she had said this she noticed the mirror
Веднага щом каза това, тя забеляза огледалото
to her great amazement she saw her own home in the mirror
за свое голямо учудване тя видя собствения си дом в огледалото
her father arrived emotionally exhausted
баща й пристигна емоционално изтощен
her sisters went to meet him
сестрите й отидоха да го посрещнат
despite their attempts to appear sorrowful, their joy was visible
въпреки опитите им да изглеждат тъжни, радостта им беше видима
a moment later everything disappeared
миг по-късно всичко изчезна
and Beauty's apprehensions disappeared too
и опасенията на красотата също изчезнаха
for she knew she could trust the Beast
защото знаеше, че може да се довери на звяра
At noon she found dinner ready
По обяд намерила вечерята готова
she sat herself down at the table
тя седна на масата
and she was entertained with a concert of music
и тя беше забавлявана с музикален концерт
although she couldn't see anybody
въпреки че не можеше да види никого
at night she sat down for supper again
през нощта тя отново седна да вечеря

this time she heard the noise the Beast made
този път тя чу шума, който издаде звярът
and she could not help being terrified
и тя не можеше да не се ужаси
"Beauty," said the monster
"Красота", каза чудовището
"do you allow me to eat with you?"
"разрешаваш ли ми да ям с теб?"
"do as you please," Beauty answered trembling
„Прави каквото искаш", отвърна разтреперана красавицата
"No," replied the Beast
— Не — отвърна звярът
"you alone are mistress here"
"само ти си господарка тук"
"you can send me away if I'm troublesome"
"можете да ме отпратите, ако създавам проблеми"
"send me away and I will immediately withdraw"
"изпрати ме и аз веднага ще се оттегля"
"But, tell me; do you not think I am very ugly?"
„Но кажи ми, не мислиш ли, че съм много грозна?"
"That is true," said Beauty
„Това е вярно", каза красавицата
"I cannot tell a lie"
"Не мога да лъжа"
"but I believe you are very good natured"
"но вярвам, че си много добър"
"I am indeed," said the monster
— Наистина съм — каза чудовището
"But apart from my ugliness, I also have no sense"
„Но освен грозотата си, нямам и разум"
"I know very well that I am a silly creature"
„Много добре знам, че съм глупаво създание"
"It is no sign of folly to think so," replied Beauty
„Не е признак на глупост да мислим така", отвърна красавицата

"Eat then, Beauty," said the monster
— Яж тогава, красавице — каза чудовището
"try to amuse yourself in your palace"
"опитайте се да се забавлявате във вашия дворец"
"everything here is yours"
"всичко тук е твое"
"and I would be very uneasy if you were not happy"
"и бих бил много неспокоен, ако не си щастлив"
"You are very obliging," answered Beauty
„Много си услужлив", отговори красавицата
"I admit I am pleased with your kindness"
„Признавам, че съм доволен от вашата доброта"
"and when I consider your kindness, I hardly notice your deformities"
"и когато взема предвид вашата доброта, почти не забелязвам вашите деформации"
"Yes, yes," said the Beast, "my heart is good
— Да, да — каза звярът, — сърцето ми е добро
"but although I am good, I am still a monster"
"но въпреки че съм добър, аз все още съм чудовище"
"There are many men that deserve that name more than you"
"Има много мъже, които заслужават това име повече от теб"
"and I prefer you just as you are"
"и те предпочитам такъв, какъвто си"
"and I prefer you more than those who hide an ungrateful heart"
"и те предпочитам повече от тези, които крият неблагодарно сърце"
"if only I had some sense," replied the Beast
"Само да имах малко разум", отвърна звярът
"if I had sense I would make a fine compliment to thank you"
„Ако имах разум, щях да направя добър комплимент, за да ви благодаря"
"but I am so dull"

"но аз съм толкова скучен"
"I can only say I am greatly obliged to you"
„Мога само да кажа, че съм ви много задължен"
Beauty ate a hearty supper
красавицата яде обилна вечеря
and she had almost conquered her dread of the monster
и почти беше преодоляла страха си от чудовището
but she wanted to faint when the Beast asked her the next question
но искаше да припадне, когато звярът й зададе следващия въпрос
"Beauty, will you be my wife?"
"красавице, ще бъдеш ли моя жена?"
she took some time before she could answer
й отне известно време, преди да успее да отговори
because she was afraid of making him angry
защото се страхуваше да не го ядоса
at last, however, she said "no, Beast"
накрая обаче тя каза "не, звяр"
immediately the poor monster hissed very frightfully
незабавно горкото чудовище изсъска много страшно
and the whole palace echoed
и целият дворец ехтеше
but Beauty soon recovered from her fright
но красотата скоро се съвзе от страха си
because Beast spoke again in a mournful voice
защото звярът отново проговори с печален глас
"then farewell, Beauty"
"тогава сбогом, красавице"
and he only turned back now and then
и само от време на време се обръщаше назад
to look at her as he went out
да я гледа като излиза
now Beauty was alone again
сега красотата отново беше сама
she felt a great deal of compassion

тя почувства голяма доза състрадание
"Alas, it is a thousand pities"
"Уви, хиляди жалко"
"anything so good natured should not be so ugly"
"всичко толкова добродушно не трябва да е толкова грозно"
Beauty spent three months very contentedly in the palace
красавицата прекара три месеца много доволна в двореца
every evening the Beast paid her a visit
всяка вечер звярът я посещаваше
and they talked during supper
и те разговаряха по време на вечеря
they talked with common sense
говореха със здрав разум
but they didn't talk with what people call wittiness
но те не говореха с това, което хората наричат остроумие
Beauty always discovered some valuable character in the Beast
красотата винаги е откривала някакъв ценен характер в звяра
and she had gotten used to his deformity
и тя беше свикнала с неговата деформация
she didn't dread the time of his visit anymore
тя вече не се страхуваше от времето на неговото посещение
now she often looked at her watch
сега тя често поглеждаше часовника си
and she couldn't wait for it to be nine o'clock
и тя нямаше търпение да стане девет часа
because the Beast never missed coming at that hour
защото звярът никога не пропуска да дойде в този час
there was only one thing that concerned Beauty
имаше само едно нещо, което се отнасяше до красотата
every night before she went to bed the Beast asked her the same question
всяка вечер преди да си легне, звярът й задавал един и същи въпрос

the monster asked her if she would be his wife
чудовището я попита дали тя ще бъде негова жена
one day she said to him, "Beast, you make me very uneasy"
един ден тя му каза, "звяр, много ме притесняваш"
"I wish I could consent to marry you"
„Иска ми се да мога да се съглася да се оженя за теб"
"but I am too sincere to make you believe I would marry you"
"но аз съм твърде искрен, за да те накарам да повярваш, че бих се оженил за теб"
"our marriage will never happen"
"нашият брак никога няма да се случи"
"I shall always see you as a friend"
"Винаги ще те виждам като приятел"
"please try to be satisfied with this"
"моля, опитайте се да сте доволни от това"
"I must be satisfied with this," said the Beast
— Трябва да съм доволен от това — каза звярът
"I know my own misfortune"
"Знам собственото си нещастие"
"but I love you with the tenderest affection"
"но те обичам с най-нежна обич"
"However, I ought to consider myself as happy"
„Въпреки това трябва да се смятам за щастлив"
"and I should be happy that you will stay here"
"и трябва да се радвам, че ще останеш тук"
"promise me never to leave me"
"обещай ми никога да не ме изоставяш"
Beauty blushed at these words
красотата се изчерви при тези думи
one day Beauty was looking in her mirror
един ден красавицата се гледаше в огледалото си
her father had worried himself sick for her
баща й се беше притеснил за нея
she longed to see him again more than ever
копнееше да го види отново повече от всякога

"I could promise never to leave you entirely"
„Мога да обещая, че никога няма да те напусна напълно"
"but I have so great a desire to see my father"
"но имам толкова голямо желание да видя баща си"
"I would be impossibly upset if you say no"
„Ще бъда невероятно разстроен, ако кажеш „не"
"I had rather die myself," said the monster
— Предпочитах да умра — каза чудовището
"I would rather die than make you feel uneasiness"
"Предпочитам да умра, отколкото да те накарам да се чувстваш неспокоен"
"I will send you to your father"
„Ще те изпратя при баща ти"
"you shall remain with him"
"ще останеш с него"
"and this unfortunate Beast will die with grief instead"
"и този нещастен звяр вместо това ще умре от мъка"
"No," said Beauty, weeping
"Не", каза красавицата, разплакана
"I love you too much to be the cause of your death"
"Обичам те твърде много, за да бъда причината за смъртта ти"
"I give you my promise to return in a week"
„Обещавам ти да се върна след седмица"
"You have shown me that my sisters are married"
"Ти ми показа, че сестрите ми са омъжени"
"and my brothers have gone to the army"
"и братята ми отидоха в армията"
"let me stay a week with my father, as he is alone"
"оставете ме да остана една седмица при баща ми, тъй като той е сам"
"You shall be there tomorrow morning," said the Beast
— Ще бъдеш там утре сутрин — каза звярът
"but remember your promise"
"но запомни обещанието си"
"You need only lay your ring on a table before you go to

bed"
"Трябва само да оставите пръстена си на масата, преди да си легнете"
"and then you will be brought back before the morning"
"и тогава ще бъдеш върнат преди сутринта"
"Farewell dear Beauty," sighed the Beast
— Сбогом, скъпа красавице — въздъхна звярът
Beauty went to bed very sad that night
тази вечер красотата си легна много тъжна
because she didn't want to see Beast so worried
защото не искаше да види звяра толкова притеснен
the next morning she found herself at her father's home
на следващата сутрин тя се озова в дома на баща си
she rung a little bell by her bedside
тя звънна на малко звънче до леглото си
and the maid gave a loud shriek
и прислужницата нададе силен писък
and her father ran upstairs
и баща й изтича нагоре
he thought he was going to die with joy
мислеше, че ще умре от радост
he held her in his arms for quarter of an hour
той я държа в ръцете си четвърт час
eventually the first greetings were over
в крайна сметка първите поздрави свършиха
Beauty began to think of getting out of bed
красавицата започна да мисли за ставане от леглото
but she realized she had brought no clothes
но осъзна, че не е донесла дрехи
but the maid told her she had found a box
но прислужницата й каза, че е намерила кутия
the large trunk was full of gowns and dresses
големият сандък беше пълен с рокли и рокли
each gown was covered with gold and diamonds
всяка рокля беше покрита със злато и диаманти
Beauty thanked Beast for his kind care

красавицата благодари на звяра за любезните му грижи
and she took one of the plainest of the dresses
и тя взе една от най-обикновените рокли
she intended to give the other dresses to her sisters
смяташе да даде другите рокли на сестрите си
but at that thought the chest of clothes disappeared
но при тази мисъл сандъкът с дрехи изчезна
Beast had insisted the clothes were for her only
звярът беше настоял, че дрехите са само за нея
her father told her that this was the case
баща й й каза, че това е така
and immediately the trunk of clothes came back again
и веднага багажникът с дрехи се върна отново
Beauty dressed herself with her new clothes
красавицата се облече с новите си дрехи
and in the meantime maids went to find her sisters
а междувременно прислужниците отидоха да намерят сестрите й
both her sister were with their husbands
и двете й сестри бяха със съпрузите си
but both her sisters were very unhappy
но и двете й сестри бяха много нещастни
her eldest sister had married a very handsome gentleman
най-голямата й сестра се беше омъжила за много красив господин
but he was so fond of himself that he neglected his wife
но той толкова обичаше себе си, че пренебрегна жена си
her second sister had married a witty man
втората й сестра се беше омъжила за остроумен мъж
but he used his wittiness to torment people
но той използва остроумието си, за да измъчва хората
and he tormented his wife most of all
и най-много измъчваше жена си
Beauty's sisters saw her dressed like a princess
сестрите на красавицата я видели облечена като принцеса
and they were sickened with envy

и се разболяха от завист
now she was more beautiful than ever
сега тя беше по-красива от всякога
her affectionate behaviour could not stifle their jealousy
нейното нежно поведение не можеше да потуши ревността им
she told them how happy she was with the Beast
тя им каза колко е щастлива със звяра
and their jealousy was ready to burst
и ревността им беше готова да избухне
They went down into the garden to cry about their misfortune
Те слязоха в градината да плачат за нещастието си
"In what way is this little creature better than us?"
„В какво това малко създание е по-добро от нас?"
"Why should she be so much happier?"
— Защо трябва да е толкова по-щастлива?
"Sister," said the older sister
"Сестро", каза по-голямата сестра
"a thought just struck my mind"
"току-що ми хрумна една мисъл"
"let us try to keep her here for more than a week"
"нека се опитаме да я задържим тук повече от седмица"
"perhaps this will enrage the silly monster"
"може би това ще вбеси глупавото чудовище"
"because she would have broken her word"
"защото тя щеше да наруши думата си"
"and then he might devour her"
"и тогава той може да я погълне"
"that's a great idea," answered the other sister
„Това е страхотна идея", отговори другата сестра
"we must show her as much kindness as possible"
"трябва да й покажем колкото е възможно повече доброта"
the sisters made this their resolution
сестрите взеха това решение

and they behaved very affectionately to their sister
и те се държаха много нежно със сестра си
poor Beauty wept for joy from all their kindness
клетата красавица плачеше от радост от цялата им доброта
when the week was expired, they cried and tore their hair
когато седмицата изтече, те плачеха и си късаха косите
they seemed so sorry to part with her
те изглеждаха толкова съжаляващи да се разделят с нея
and Beauty promised to stay a week longer
и красавицата обеща да остане още седмица
In the meantime, Beauty could not help reflecting on herself
Междувременно красавицата не можеше да не разсъждава върху себе си
she worried what she was doing to poor Beast
тя се тревожеше какво причинява на бедния звяр
she know that she sincerely loved him
тя знае, че искрено го обича
and she really longed to see him again
и тя наистина копнееше да го види отново
the tenth night she spent at her father's too
десетата нощ също прекарала при баща си
she dreamed she was in the palace garden
тя сънува, че е в градината на двореца
and she dreamt she saw the Beast extended on the grass
и тя сънува, че вижда звяра проснат на тревата
he seemed to reproach her in a dying voice
— сякаш я упрекна той с умиращ глас
and he accused her of ingratitude
и той я обвини в неблагодарност
Beauty woke up from her sleep
красотата се събуди от съня си
and she burst into tears
и тя избухна в сълзи
"Am I not very wicked?"
— Не съм ли много зъл?

"Was it not cruel of me to act so unkindly to the Beast?"
— Не беше ли жестоко от моя страна да се държа толкова нелюбезно със звяра?
"Beast did everything to please me"
"звярът направи всичко, за да ми угоди"
"Is it his fault that he is so ugly?"
— Той ли е виновен, че е толкова грозен?
"Is it his fault that he has so little wit?"
— Той ли е виновен, че има толкова малко акъл?
"He is kind and good, and that is sufficient"
„Той е мил и добър и това е достатъчно"
"Why did I refuse to marry him?"
— Защо отказах да се омъжа за него?
"I should be happy with the monster"
„Трябва да съм доволен от чудовището"
"look at the husbands of my sisters"
"виж съпрузите на сестрите ми"
"neither wittiness, nor a being handsome makes them good"
"нито остроумието, нито красотата ги прави добри"
"neither of their husbands makes them happy"
"нито един от мъжете им не ги прави щастливи"
"but virtue, sweetness of temper, and patience"
"но добродетел, сладост на нрава и търпение"
"these things make a woman happy"
"тези неща правят една жена щастлива"
"and the Beast has all these valuable qualities"
"и звярът има всички тези ценни качества"
"it is true; I do not feel the tenderness of affection for him"
"вярно е; не изпитвам нежността на обичта към него"
"but I find I have the highest gratitude for him"
"но намирам, че изпитвам най-голяма благодарност към него"
"and I have the highest esteem of him"
"и го уважавам най-високо"
"and he is my best friend"
"и той е най-добрият ми приятел"

"I will not make him miserable"
"Няма да го направя нещастен"
"If were I to be so ungrateful I would never forgive myself"
"Ако бях толкова неблагодарен, никога нямаше да си простя"
Beauty put her ring on the table
красавицата сложи пръстена си на масата
and she went to bed again
и тя отново си легна
scarce was she in bed before she fell asleep
едва беше в леглото, преди да заспи
she woke up again the next morning
тя се събуди отново на следващата сутрин
and she was overjoyed to find herself in the Beast's palace
и тя беше извънредно щастлива, че се озова в двореца на звяра
she put on one of her nicest dress to please him
тя облече една от най-хубавите си рокли, за да му хареса
and she patiently waited for evening
и тя търпеливо изчака вечерта
at last the wished-for hour came
дойде желаният час
the clock struck nine, yet no Beast appeared
часовникът удари девет, но не се появи звяр
Beauty then feared she had been the cause of his death
красавицата тогава се страхуваше, че тя е причината за смъртта му
she ran crying all around the palace
тя тичаше плачеща из целия дворец
after having sought for him everywhere, she remembered her dream
след като го е търсила навсякъде, тя си спомня съня си
and she ran to the canal in the garden
и тя изтича до канала в градината
there she found poor Beast stretched out
там намери бедния звяр проснат

and she was sure she had killed him
и беше сигурна, че го е убила
she threw herself upon him without any dread
тя се хвърли върху него без никакъв страх
his heart was still beating
сърцето му все още биеше
she fetched some water from the canal
тя донесе малко вода от канала
and she poured the water on his head
и тя изля водата върху главата му
the Beast opened his eyes and spoke to Beauty
звярът отвори очи и заговори на красотата
"You forgot your promise"
"Забравихте обещанието си"
"I was so heartbroken to have lost you"
"Бях толкова разбито, че те загубих"
"I resolved to starve myself"
"Реших да гладувам"
"but I have the happiness of seeing you once more"
"но имам щастието да те видя още веднъж"
"so I have the pleasure of dying satisfied"
"така че имам удоволствието да умра доволен"
"No, dear Beast," said Beauty, "you must not die"
„Не, скъпи звяр", каза красавицата, „не трябва да умираш"
"Live to be my husband"
"Живей, за да бъдеш мой съпруг"
"from this moment I give you my hand"
"от този момент ти подавам ръката си"
"and I swear to be none but yours"
"и се кълна да бъда само твоя"
"Alas! I thought I had only a friendship for you"
"Уви! Мислех, че имам само приятелство за теб"
"but the grief I now feel convinces me;"
"но скръбта, която сега изпитвам, ме убеждава;"
"I cannot live without you"

"Не мога да живея без теб"
Beauty scarce had said these words when she saw a light
красотата, която едва ли беше изрекла тези думи, когато видя светлина
the palace sparkled with light
дворецът искряше в светлина
fireworks lit up the sky
фойерверки озариха небето
and the air filled with music
и въздухът изпълнен с музика
everything gave notice of some great event
всичко известяваше за някакво велико събитие
but nothing could hold her attention
но нищо не можеше да задържи вниманието й
she turned to her dear Beast
— обърна се тя към скъпия си звяр
the Beast for whom she trembled with fear
звярът, за когото тя трепереше от страх
but her surprise was great at what she saw!
но нейната изненада беше голяма от това, което видя!
the Beast had disappeared
звярът беше изчезнал
instead she saw the loveliest prince
вместо това тя видя най-красивия принц
she had put an end to the spell
тя бе сложила край на заклинанието
a spell under which he resembled a Beast
заклинание, под което той приличаше на звяр
this prince was worthy of all her attention
този принц беше достоен за цялото й внимание
but she could not help but ask where the Beast was
но не можа да не попита къде е звярът
"You see him at your feet," said the prince
— Виждате го в краката си — каза принцът
"A wicked fairy had condemned me"
„Зла фея ме беше осъдила"

- 36 -

"I was to remain in that shape until a beautiful princess agreed to marry me"
„Трябваше да остана в тази форма, докато красива принцеса не се съгласи да се омъжи за мен"
"the fairy hid my understanding"
"феята скри моето разбиране"
"you were the only one generous enough to be charmed by the goodness of my temper"
"ти беше единственият достатъчно щедър, за да бъдеш очарован от добротата на моя нрав"
Beauty was happily surprised
красавицата беше щастливо изненадана
and she gave the charming prince her hand
и тя подаде ръката си на очарователния принц
they went together into the castle
те отидоха заедно в замъка
and Beauty was overjoyed to find her father in the castle
и красавицата беше извънредно щастлива да намери баща си в замъка
and her whole family were there too
и цялото й семейство също бяха там
even the beautiful lady that appeared in her dream was there
дори красивата дама, която се появи в съня й, беше там
"Beauty," said the lady from the dream
"Красота", каза дамата от съня
"come and receive your reward"
"ела и получи своята награда"
"you have preferred virtue over wit or looks"
"предпочитал си добродетелта пред остроумието или външния вид"
"and you deserve someone in whom these qualities are united"
"и вие заслужавате някой, в който тези качества са обединени"
"you are going to be a great queen"
"ти ще бъдеш страхотна кралица"

"I hope the throne will not lessen your virtue"
„Надявам се, че тронът няма да намали вашата добродетел"
then the fairy turned to the two sisters
тогава феята се обърна към двете сестри
"I have seen inside your hearts"
"Видях вътре в сърцата ви"
"and I know all the malice your hearts contain"
"и знам цялата злоба, която съдържат сърцата ви"
"you two will become statues"
"вие двамата ще станете статуи"
"but you will keep your minds"
"но ще запазите ума си"
"you shall stand at the gates of your sister's palace"
"ще стоиш пред портите на двореца на сестра си"
"your sister's happiness shall be your punishment"
"Щастието на сестра ти ще бъде твоето наказание"
"you won't be able to return to your former states"
"няма да можете да се върнете в предишните си състояния"
"unless, you both admit your faults"
"освен ако и двамата не признаете грешките си"
"but I am foresee that you will always remain statues"
"но аз предвиждам, че вие винаги ще останете статуи"
"pride, anger, gluttony, and idleness are sometimes conquered"
"гордостта, гневът, лакомията и безделието понякога се побеждават"
"but the conversion of envious and malicious minds are miracles"
" но обръщането на завистливи и злонамерени умове са чудеса"
immediately the fairy gave a stroke with her wand
веднага феята удари магическата си пръчка
and in a moment all that were in the hall were transported
и след миг всички, които бяха в залата, бяха

транспортирани
they had gone into the prince's dominions
те бяха отишли във владенията на принца
the prince's subjects received him with joy
поданиците на княза го приели с радост
the priest married Beauty and the Beast
свещеникът се ожени за красавицата и звяра
and he lived with her many years
и той живя с нея много години
and their happiness was complete
и щастието им беше пълно
because their happiness was founded on virtue
защото тяхното щастие се основаваше на добродетелта

The End
Краят

www.tranzlaty.com

www.ingramcontent.com/pod-product-compliance
Lightning Source LLC
Chambersburg PA
CBHW012011090526
44590CB00026B/3975